5801.

RIVIÈRE ET CANAL DE L'OURCQ

PARIS. — TYPOGRAPHIE HENNUYER, RUE DU BOULEVARD, 7.

RIVIÈRE ET CANAL DE L'OURCQ

MÉMOIRE

RELATIF

AUX TRAVAUX EXÉCUTÉS POUR AMÉLIORER LE RÉGIME DES EAUX

SUR

LA RIVIÈRE ET LE CANAL DE L'OURCQ

ET

POUR RENDRE CES COURS D'EAU NAVIGABLES

PAR

M. ÉMILE VUIGNER

INGÉNIEUR CONSEIL DE LA COMPAGNIE DES CANAUX DE L'OURCQ ET DE SAINT-DENIS,
OFFICIER DE LA LÉGION D'HONNEUR.

—

ATLAS

PARIS

DUNOD, ÉDITEUR

SUCCESSEUR DE V^{or} DALMONT

Précédemment Carilian-Gœury et Victor Dalmont

LIBRAIRE DES CORPS IMPÉRIAUX DES PONTS ET CHAUSSÉES ET DES MINES

Quai des Augustins, 49.

—

1862

RIVIÈRE ET CANAL DE L'OURCQ

LÉGENDE DES PLANCHES

EXPLICATION DES PLANCHES

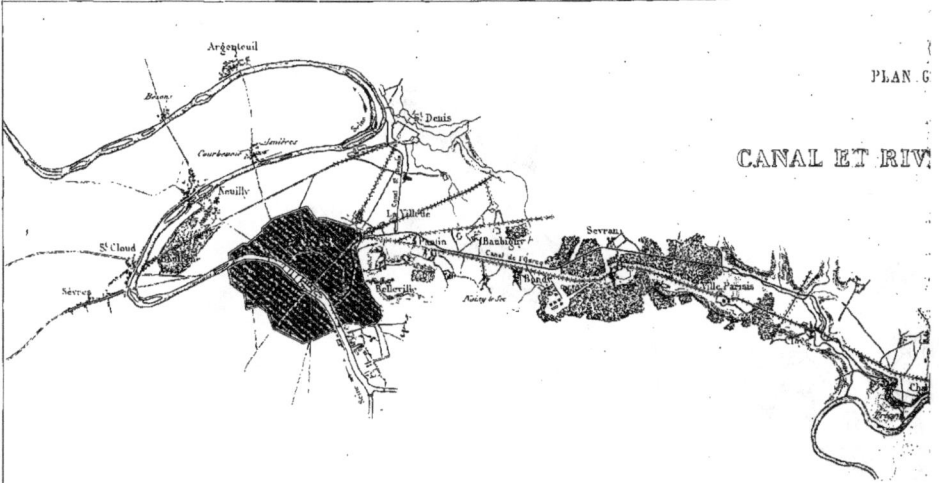

PLAN G

CANAL ET RIV

PROFILS EN

1° avec exhaussement du fond de 0.ᵐ50

2° avec revêtement

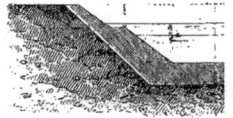

Echelle du plan général 0.00575 pour 1000 mètres

ÉNÉRAL

IÈRE D'OURCQ

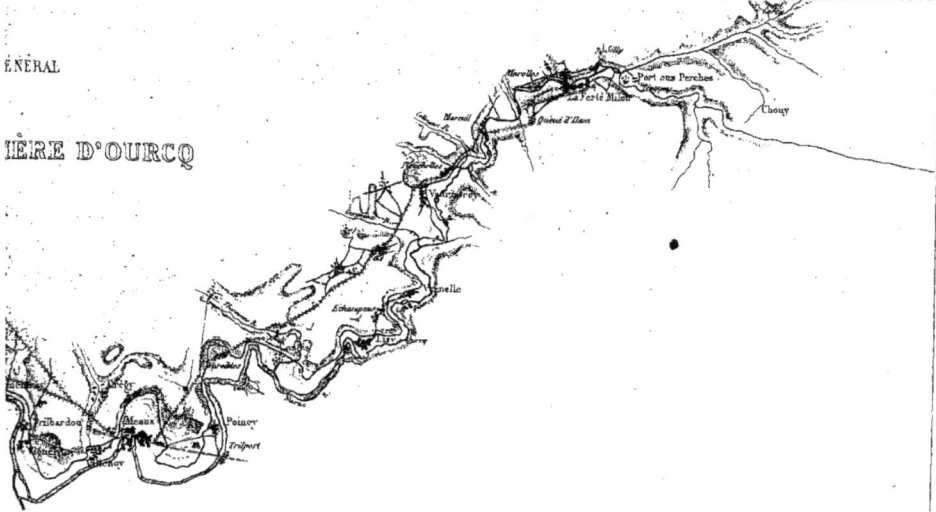

Chouy

Port aux Perches

La Ferté Milon

Marcilly

Cilly

Ouived d'Aon

Mareil

melle

Éthangeure

Meaux

Poincy

Trilport

rilbardou

henoy

;TRAVERS

terre végétale.

3° en amont de Lizy

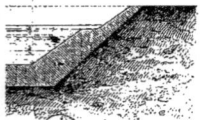

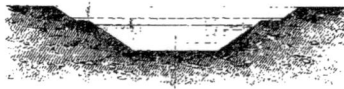

Echelle des profils en travers 0.005 pour 1 mètre.

L. Guignet sc.

PROFIL EN

Barrière   Beuvronne

Bornes milliaires ....

Ordonnées du fond du Canal .....

Plan à 50ᵐ au dessous du plan de repère

Travaux d'art ....

Fond du Canal à la Villette ....

PROFIL EN LON

Barrière   Beuvronne   5ᵉ écluse   4ᵉ écluse   3ᵉ écluse

Bornes milliaires ....

Ordonnées de la ligne d'eau

Plan à 50ᵐ au dessous du plan de repère

Ordonnées du fond du Canal

Remblais et Tranchées

Remblais   Remblais   Tranchée des bois   Marais   Tranchée de
de Pantin   de Bondy   S.ᵗ Denis   Arc... de Bondy   S.ᵗ Mer... et Tour de

Nouvelle ligne d'eau (...) au dessus du fond
Nouvelle ligne de fond à ... au dessus de l'ancien

Echelle des longueurs ... pour ...
0 1 2 3 4 5 6 7 8 9 mètres

ÈRE D'OURCQ

GUÉUR N° 1.

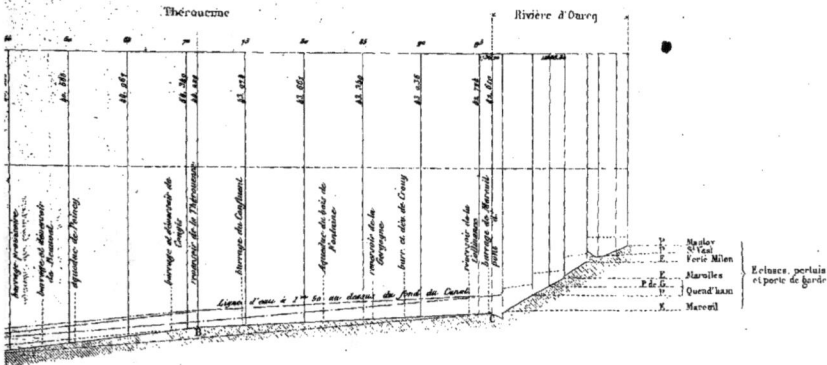

Théroenne — Rivière d'Ourcq

Ecluses, pertuis et porte de garde

GUÉUR N° 2.

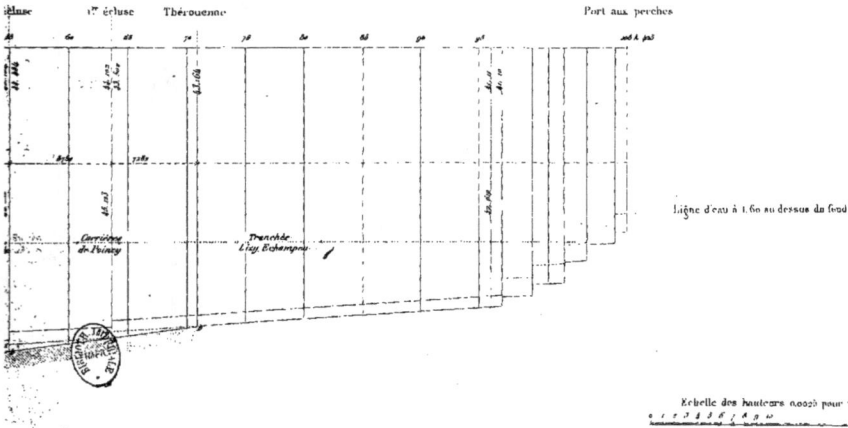

Écluse — 1ʳᵉ écluse — Thérouenne — Port aux perches

Ligne d'eau à 1.60 au dessus du fond

Carrière de Princey — Tranchée Lieu Echampou

Echelle des hauteurs 0.0025 pour 1ᵐ

J. Guignet sc.

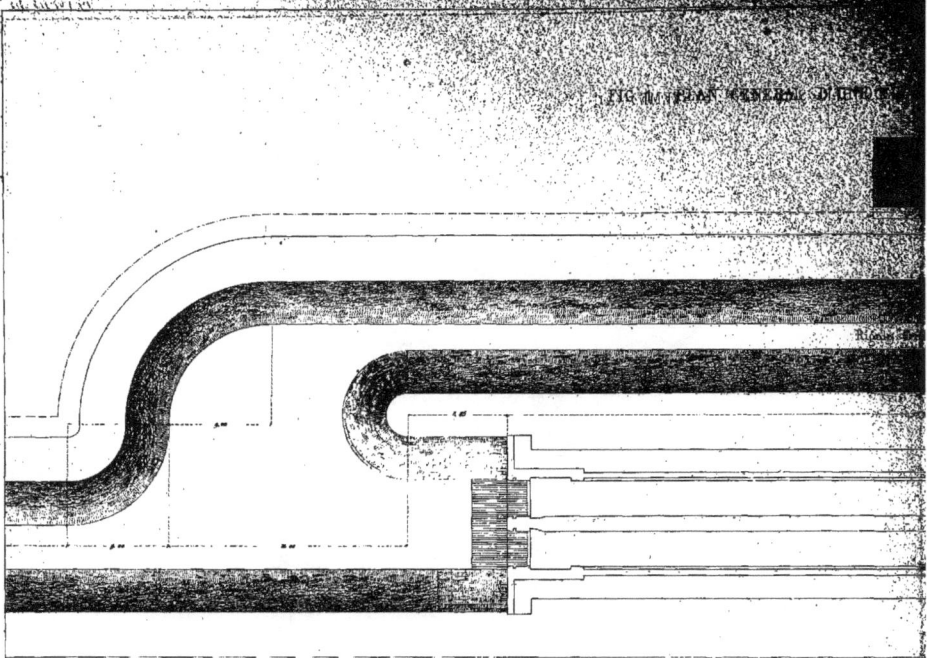

FIG. III. PLAN GÉNÉRAL D'UMOU

MAISONU

Plan du Rez-de-Chaussée (B)

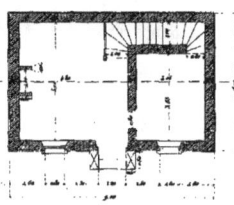

Coupe transversale (B)

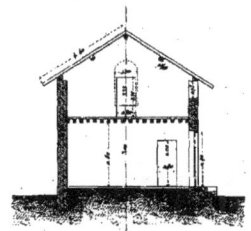

Échelle A 0,0025 pour 1 mètre

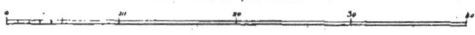

ÉCLUSE DOUBLE SAS (1ᵉʳ SYSTÈME) (A)

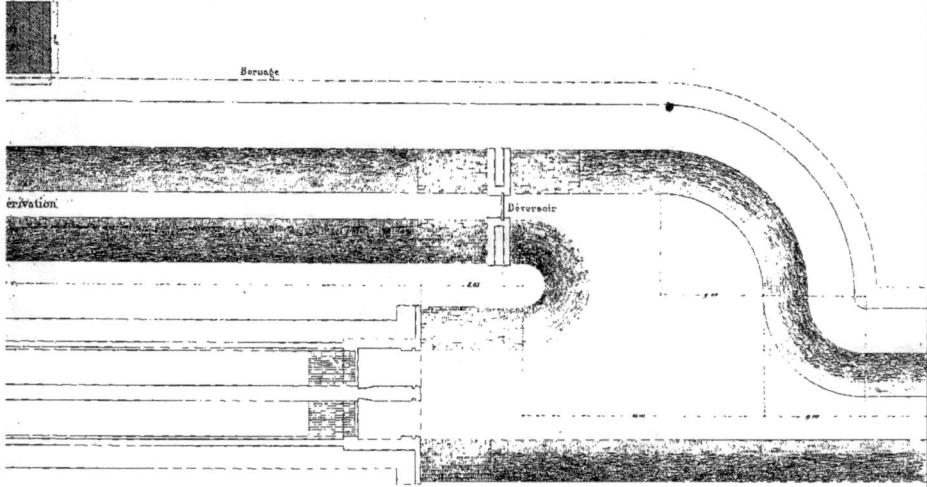

Barrage

Dérivation

Déversoir

ÉCLUSIER

Coupe longitudinale (B)   Élévation (B)

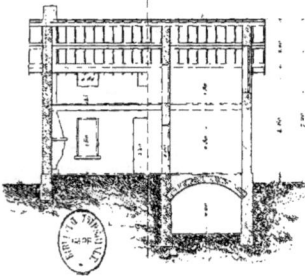

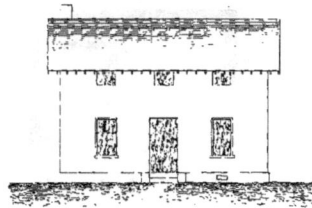

Échelle B 0.005 pour 1 mètre

L. Guiguet sc.

Fig. 1. Coupe

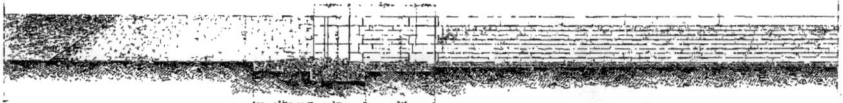

Fig. 2. Elévation du

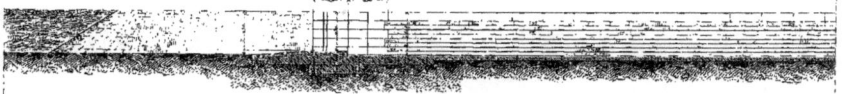

Fig. 3.

A

Longueur total

Longueur entre les

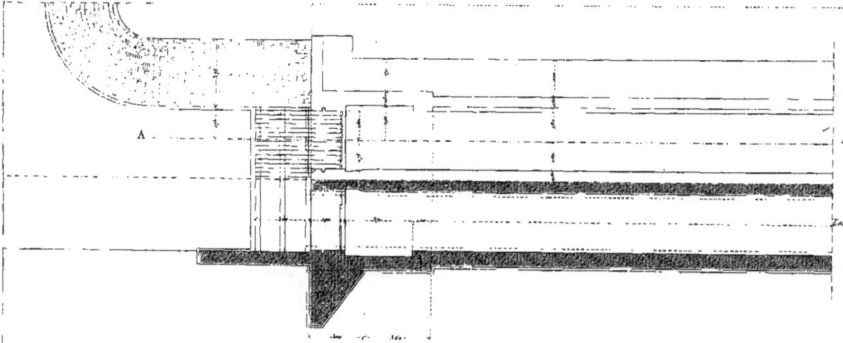

Fig. 4. Coupe transversale par le milieu du sas

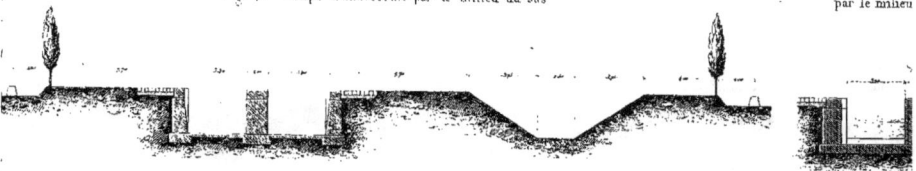

Fig. 5. Coup
par le milieu

Echelle de

DUBLE SAS

ngitudinale A.B.

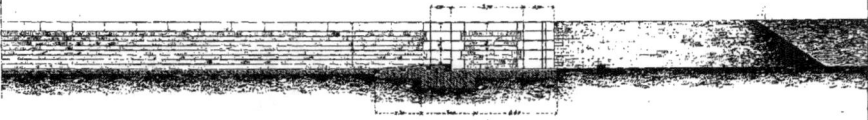

noyer intermédiaire

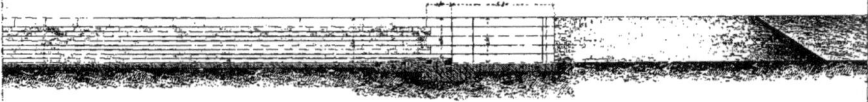

Plan.

72.ᵐ ou

au têtes 55.ᵐ6ₒ   B

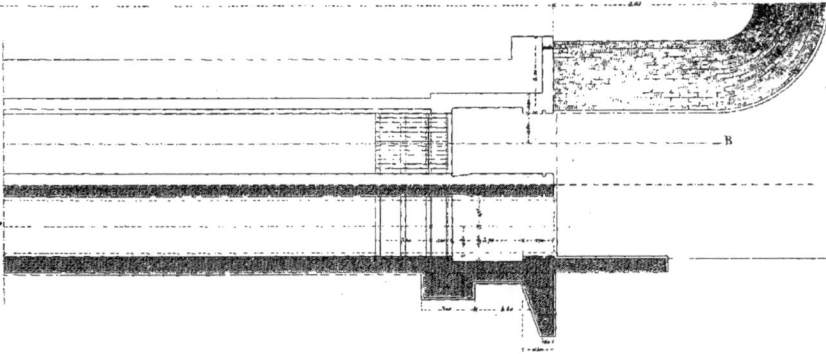

transversale
les portes.

Fig. 6. Vue d'amont et d'aval de l'écluse

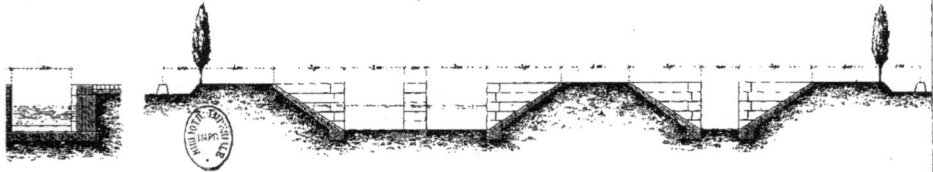

à pour 1 mètre

mètre ____ 10

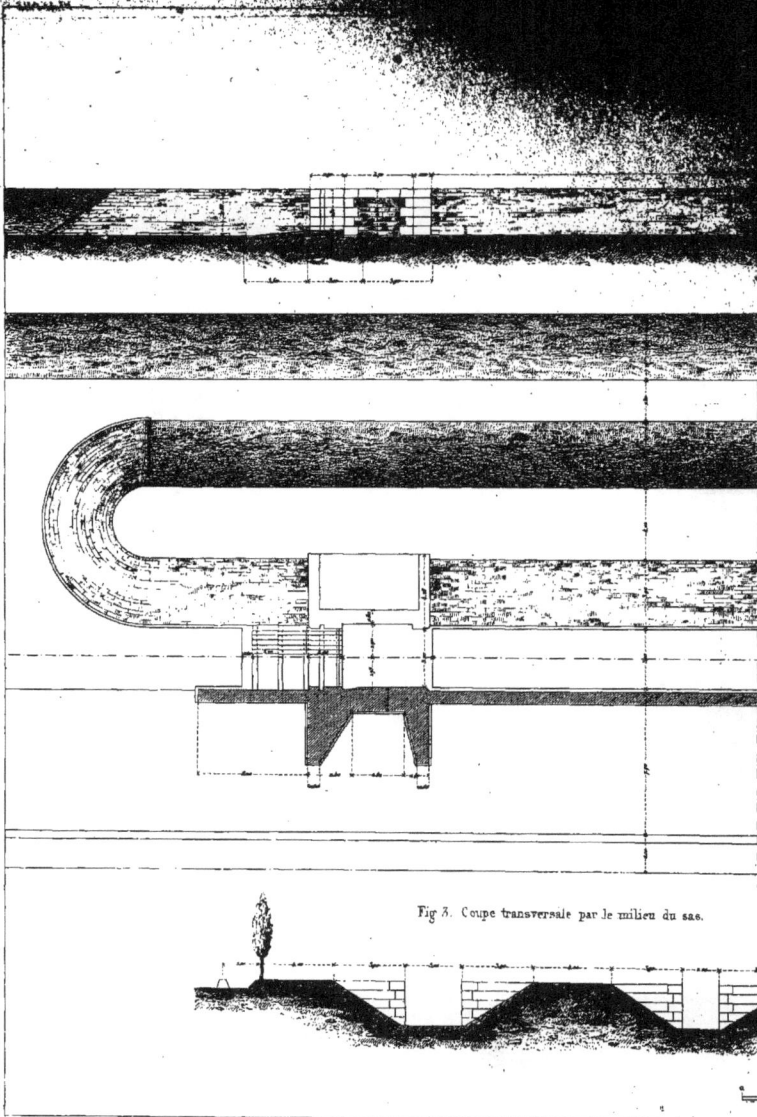

Fig. 2.

Fig. 3. Coupe transversale par le milieu du sas.

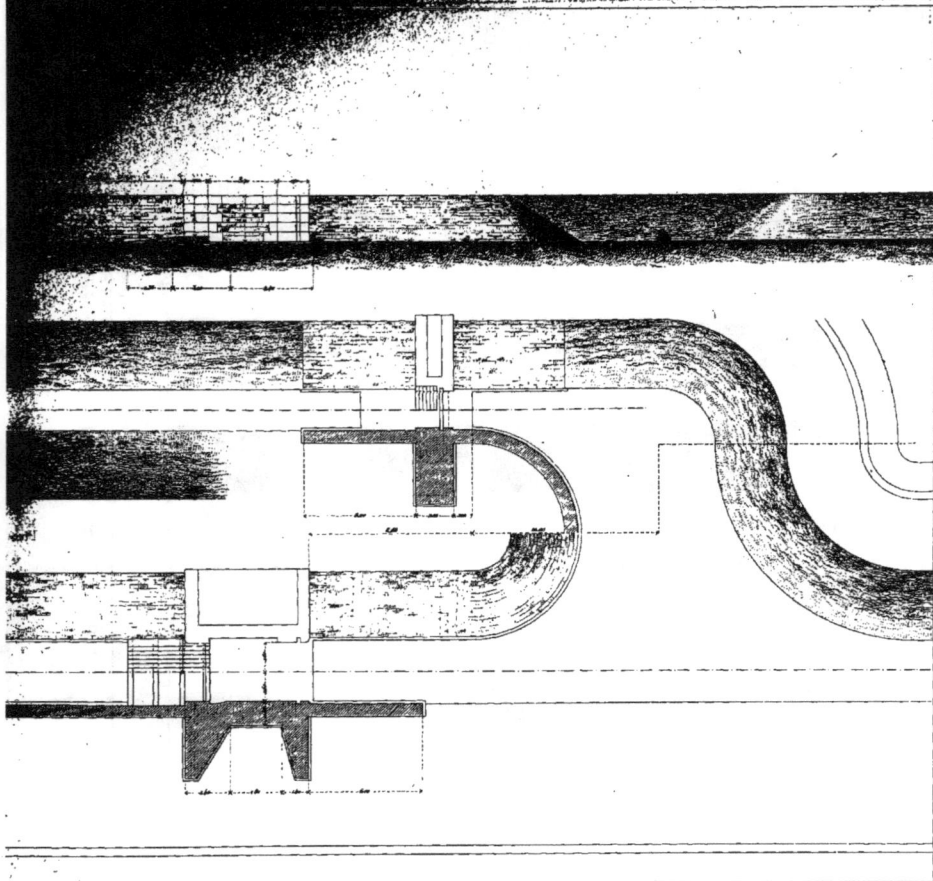

Fig. 4. Coupe suivant l'axe de la rigole

J. Gengnot sc.

Fig. 1. Ventail vu d'aval.

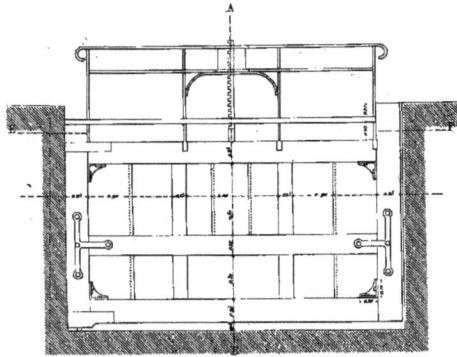

Fig. 2. Cou

Fig. 4. Coupe sur E F.

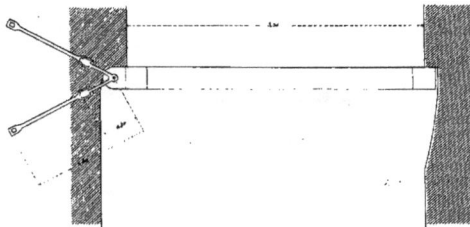

Echelle

À UN VENTAIL.

sur A B.

Fig. 3. Ventail vu d'amont

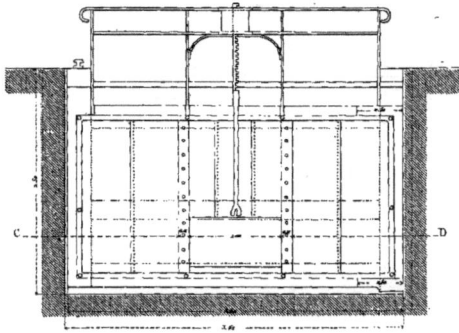

C ——— D

Fig. 3. Coupe sur C D.

pour 1 mètre

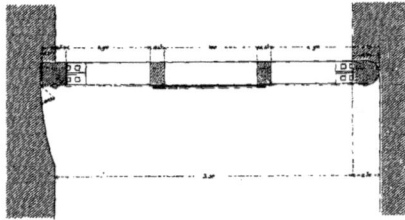

L. Guiguet sc.

PLAN

DE LA PARTIE SUPÉRIEURE

DE LA RIVIÈRE D'OURCQ

entre Mareuil et le Port aux Perches

Echelle 1 à 20,000

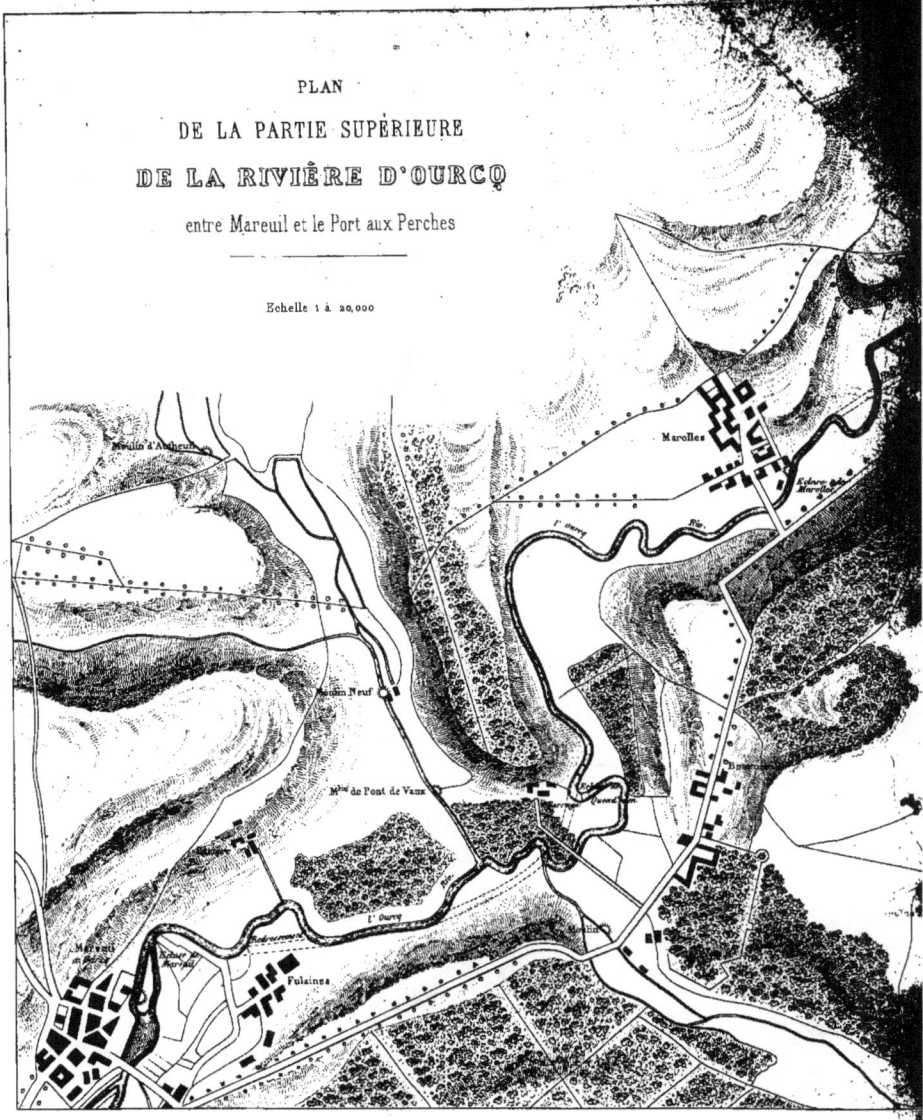

Moulin d'Authcul

Marolles

Ecluse de Marolles

l' Ourcq

Moulin Neuf

M^{on} de Pont de Vaux

Vaux

l' Ourcq

Mareuil
en Dôle

Route de Mareuil

Fulaines

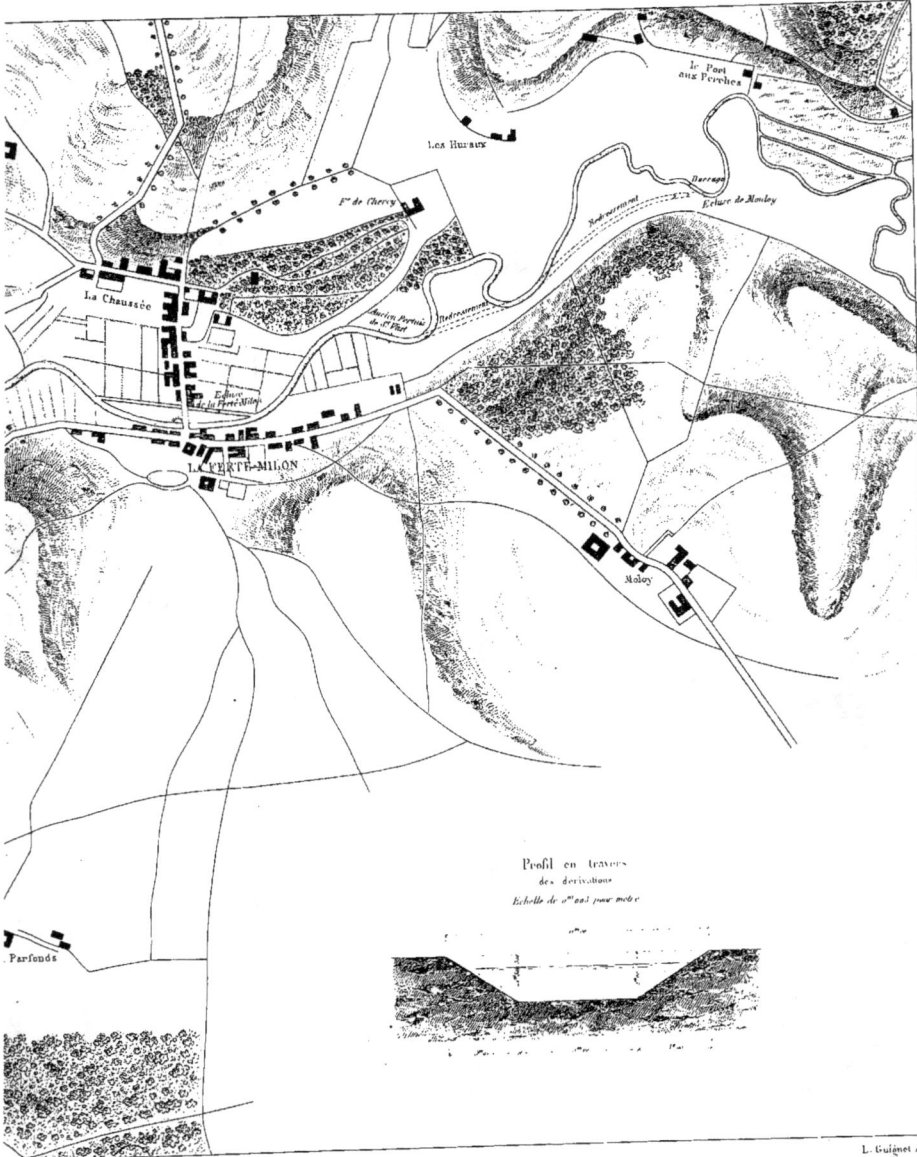

le Port
aux Perches

Les Huraux

F.^{de} de Chercy

Barrage

Redressement

Ecluse de Mosloy

La Chaussée

Ancien Portail
de St Vast

Redressement

Ecluse
de la Ferté-Milon

LA FERTÉ-MILON

Mosloy

Profil en travers
des dérivations

Echelle de 0^m,001 pour mètre

Parfonds

L. Guignet sc.

FIG. 1. PROFIL

Pont de Mareuil

Barrage sur
le canal de l'Ourcq

Écluse
de Mareuil

Pertuis de
Queud'ham

Porte de garde de
Queud'ham et

Ordonnées du fond

Ordonnées des lignes d'eau

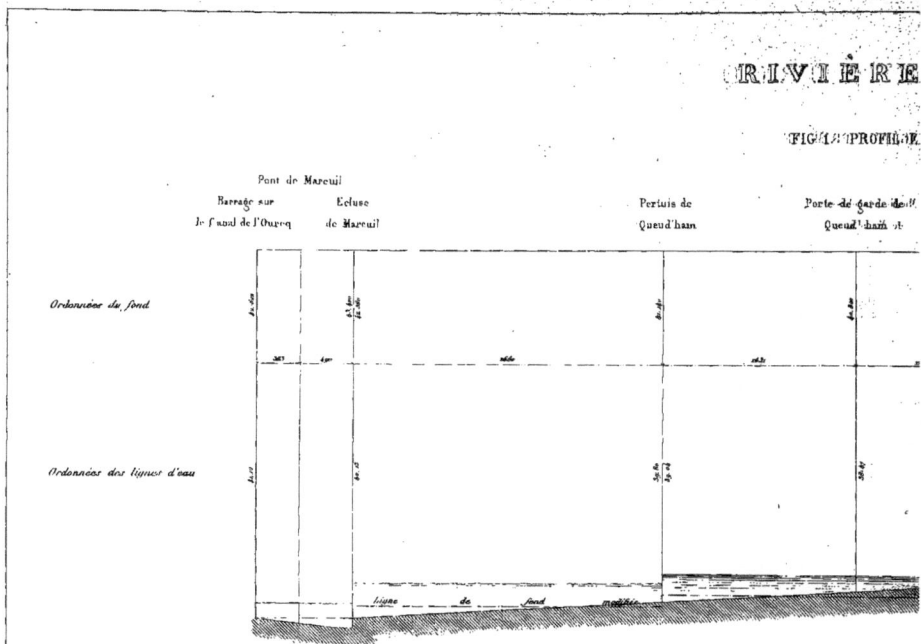

Ligne   de   fond   modifiée

FIG. 2. PROFIL

Écluse de Queud'ham

Ordonnées du fond

Ordonnées des lignes d'eau

Échelle des longueurs 0,005 pour 1000 mètres

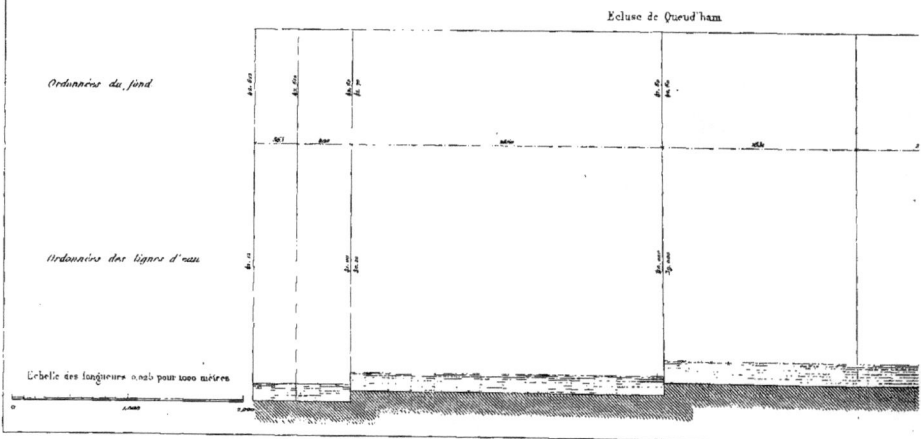

D'OURCQ

LONGUEUR PRIMITIF

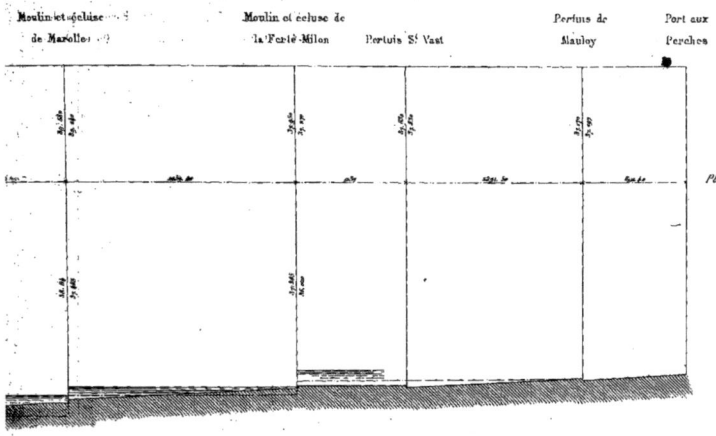

Moulin et écluse
de Marolles

Moulin et écluse de
la Ferté-Milon

Pertuis St Vast

Pertuis de
Mauley

Port aux
Perches

Plan à 20 mètres au dessous du
plan de repère.

LONGUEUR MODIFIÉ

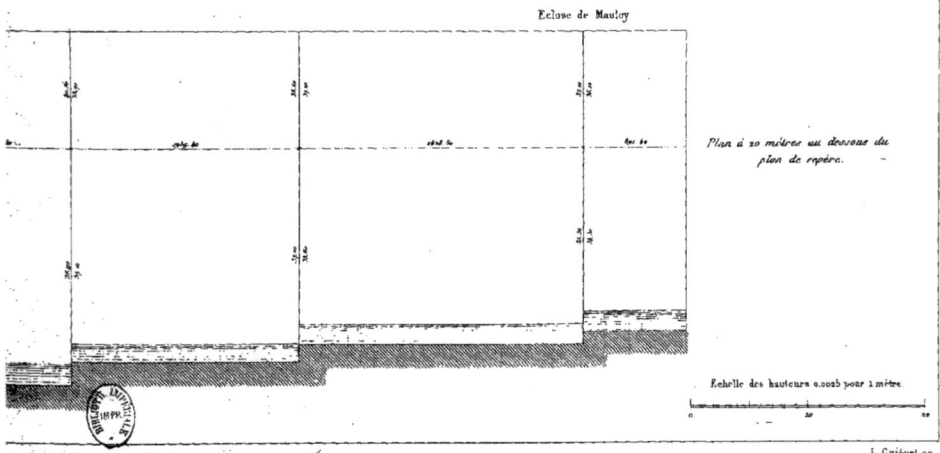

Écluse de Mauley

Plan à 20 mètres au dessous du
plan de repère.

Échelle des hauteurs 0.0025 pour 1 mètre.

L. Guiguet sc.

FIG. 1. PLAN GÉNÉRAL D

S'appliquant comme

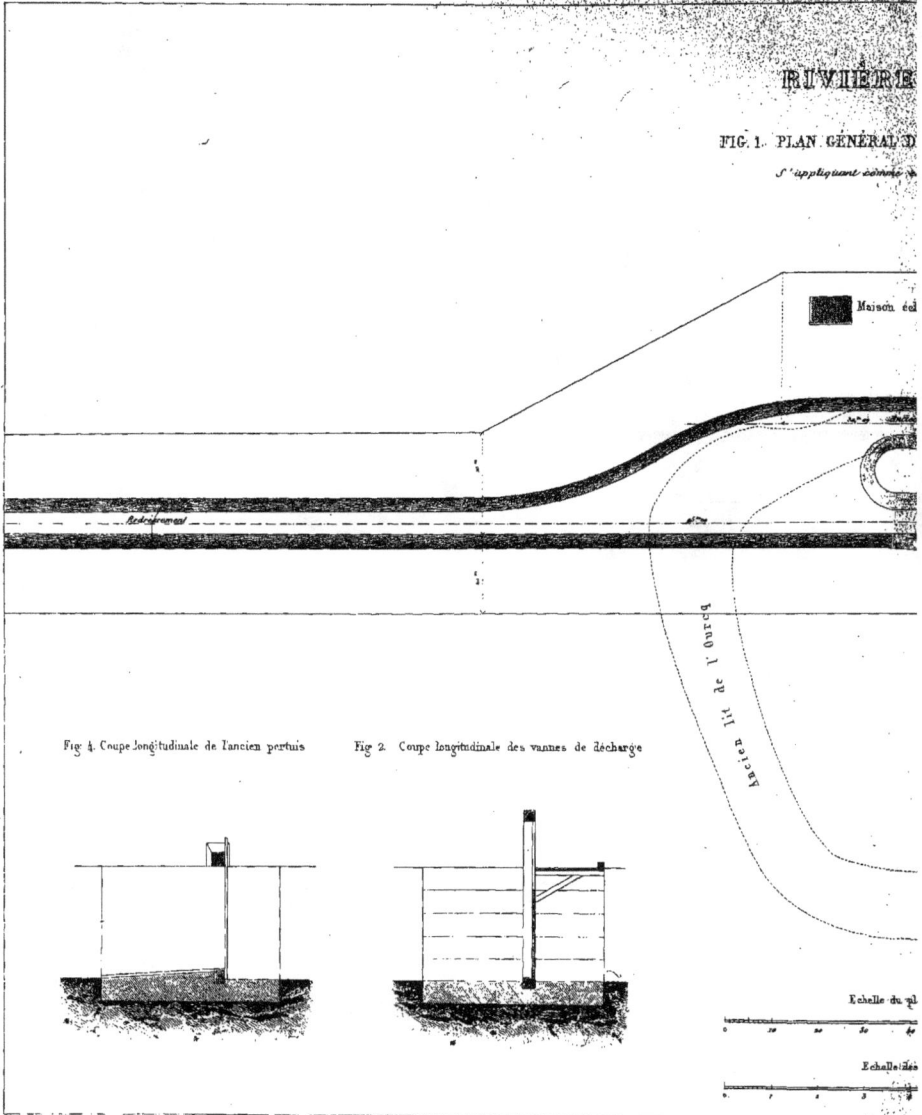

Maison écl

Fig. 4. Coupe longitudinale de l'ancien pertuis

Fig 2. Coupe longitudinale des vannes de décharge

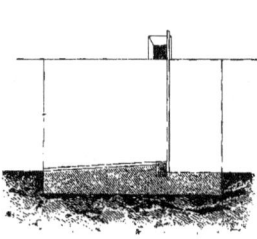

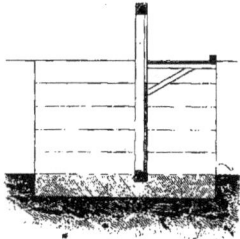

Ancien lit de l'Ourcq

Echelle du pl.

Echelle des

D' OURCQ

L'ECLUSE DE QUEUD'HAM.

ble à l'Écluse de Mauloy

ière

Profon de Queud'ham, Vannes de décharge

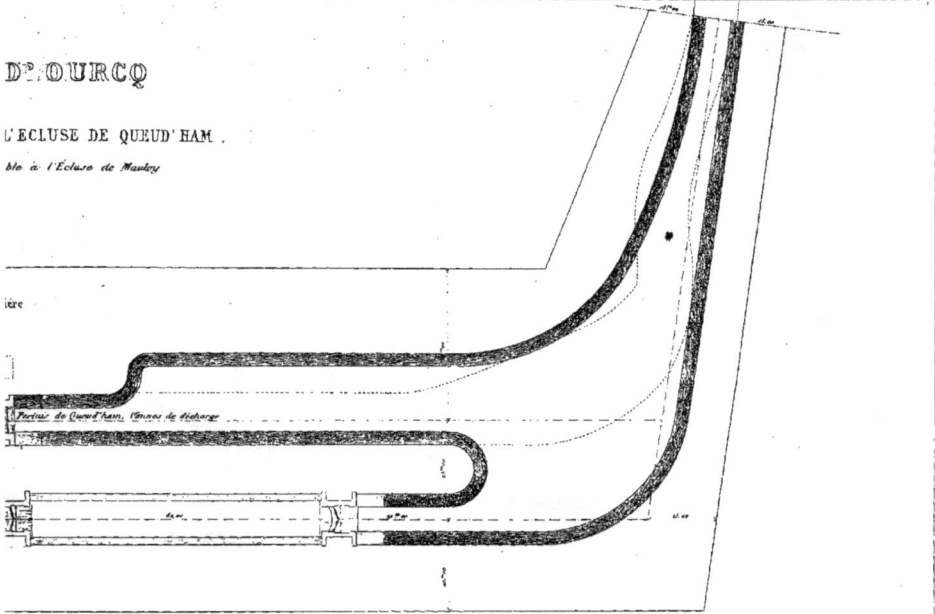

Fig. 3. Vue d'aval des vannes de décharge

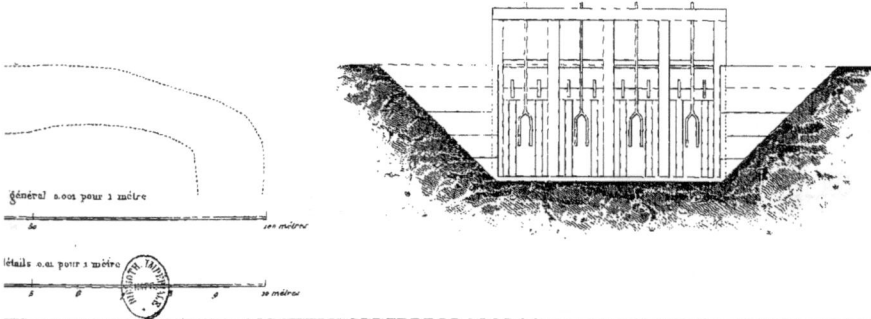

général o.oo1 pour 1 mètre

100 mètres

détails o.o1 pour 1 mètre

10 mètres

L. Guéguel sc.

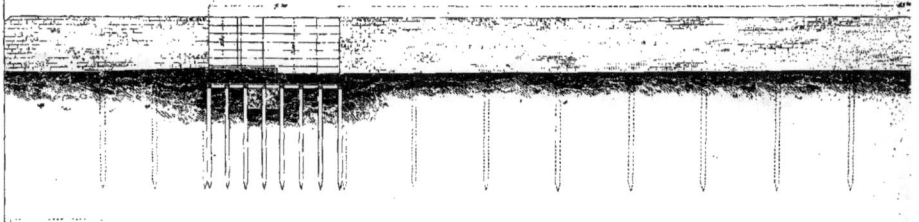

Fig. 2. Plan et coupe horizontale au niveau du base des portes d'aval

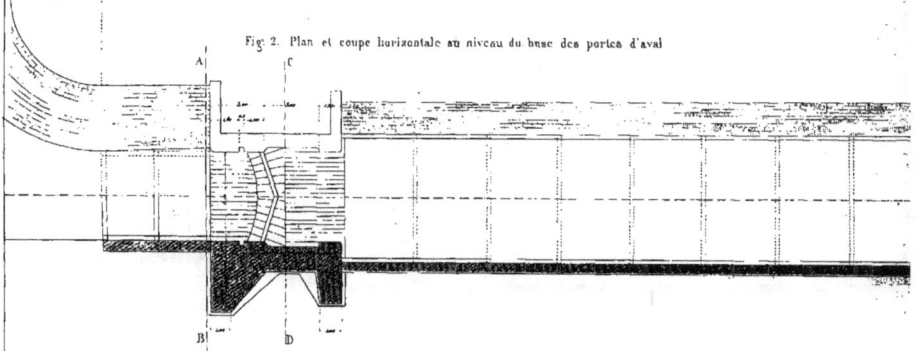

Fig. 4. Coupe sur A B.

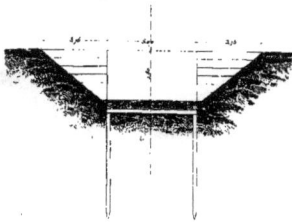

Fig. 5. Coupe sur C D.

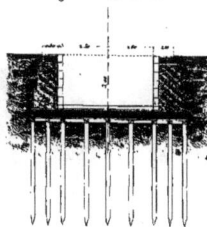

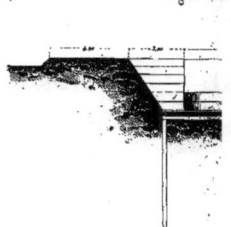

Fig. 6.

Fig. 3. Plan et coupe horizontale au niveau du busc des portes d'amont.

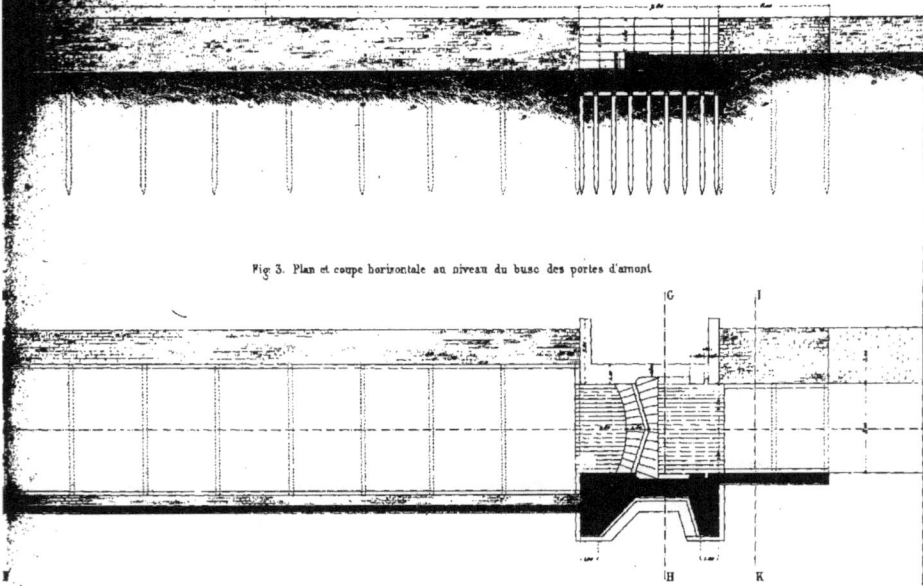

G I

H K

Fig. 7 Coupe sur GH.

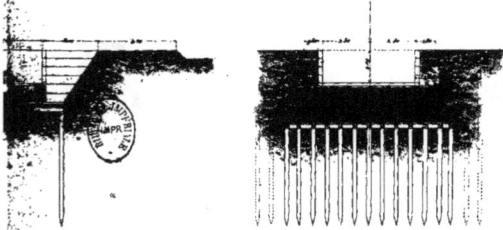

Fig. 8. Coupe sur IK.

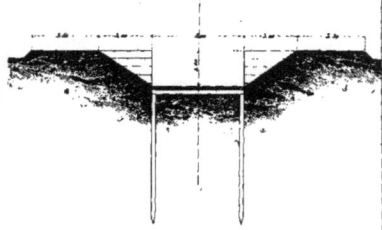

L. Guiguet sc.

Fig. 1. Porte d'aval. Ventail vu d'aval

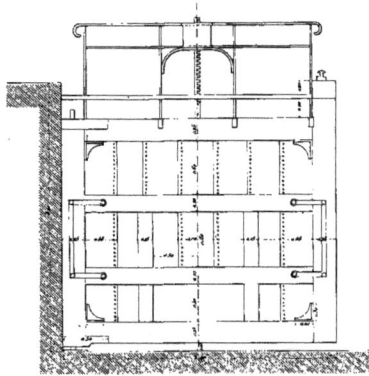

Fig. 2. Porte d'aval

Fig. 3. Porte d'amont. Ventail vu d'aval.

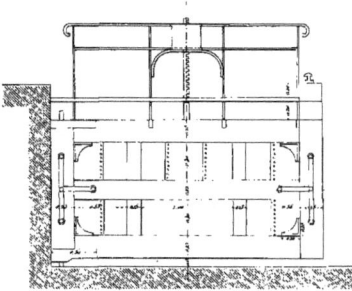

Fig. 4. Plan et coupe horizontale

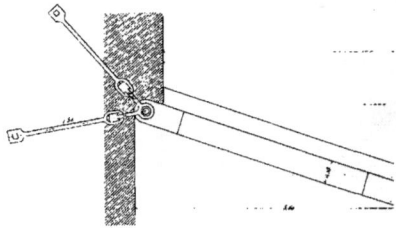

Echelle de

D° OURCQ

ÉCLUSES

Coupe sur A B.

Fig. 5. Porte d'aval. Ventail vu d'amont

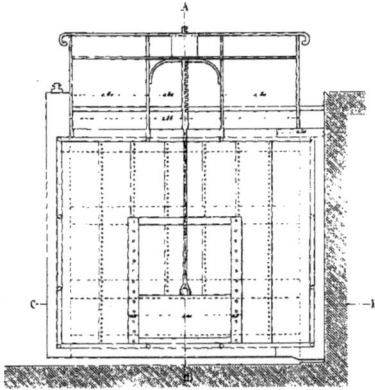

ar C D. communs aux deux portes

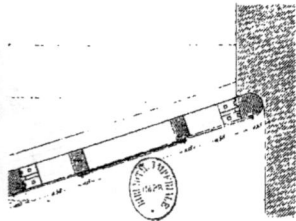

Fig. 6. Porte d'amont. Ventail vu d'amont

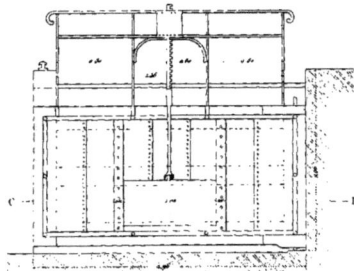

pour 1 mètre

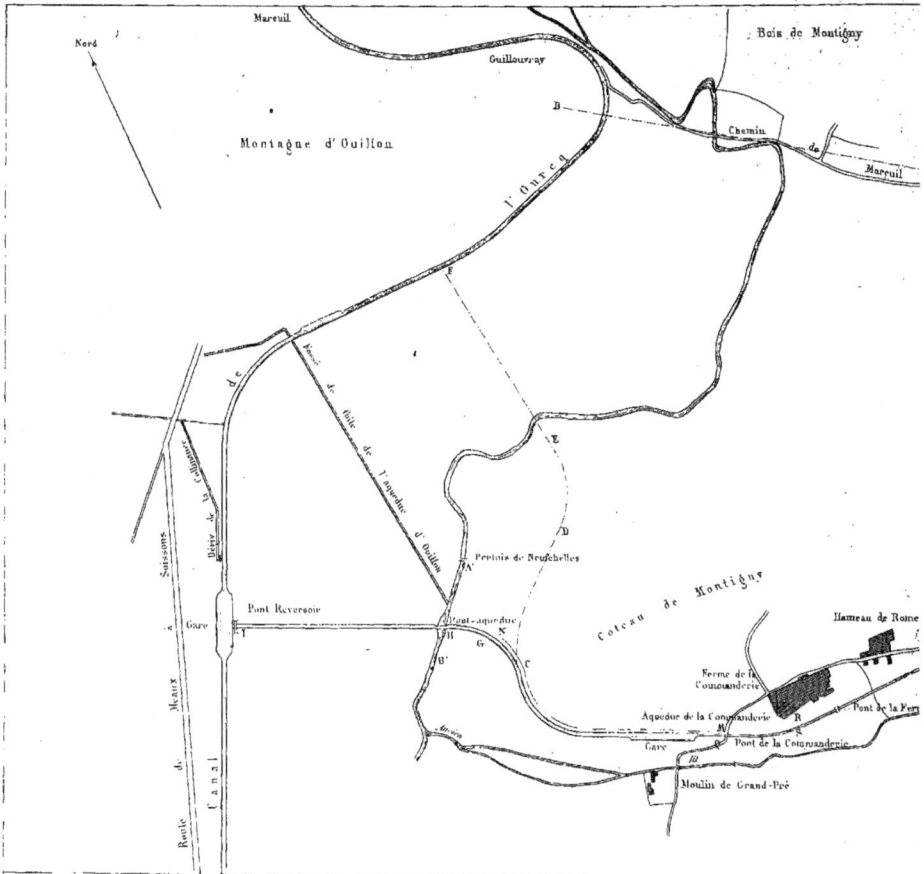

Nord

Mareuil.

Guillouvray

Bois de Montigny

Montagne d'Ouillon

Chemin de Mareuil

L'Ourcq

B

Coteau de Montigny

Pertuis de Neufchelles

Hameau de Roue

Ferme de la Commanderie

Pont de la Ferme

Aqueduc de la Commanderie

Pont-aqueduc

Pont de la Commanderie

Pont Reversoir

Gare

Gare

Moulin de Grand-Pré

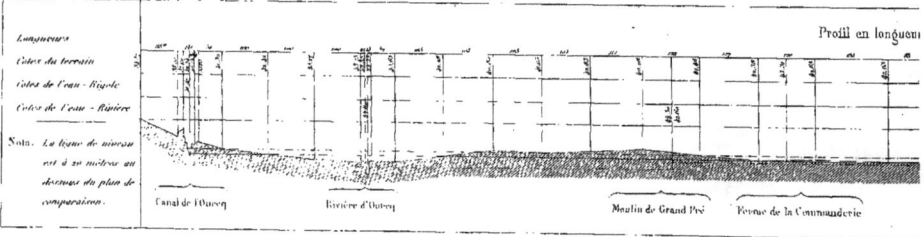

Profil en longueur

Longueurs
Côtes du terrain
Côtes de l'eau - Rigole
Côtes de l'eau - Rivière

Nota. La ligne de niveau
est à 20 mètres au
dessous du plan de
comparaison.

Canal de l'Ourcq

Rivière d'Ourcq

Moulin de Grand Pré

Ferme de la Commanderie

PLAN GÉNÉRAL
de la
DÉRIVATION DU CLICNON

Échelle de 0,002 pour 1 mètre

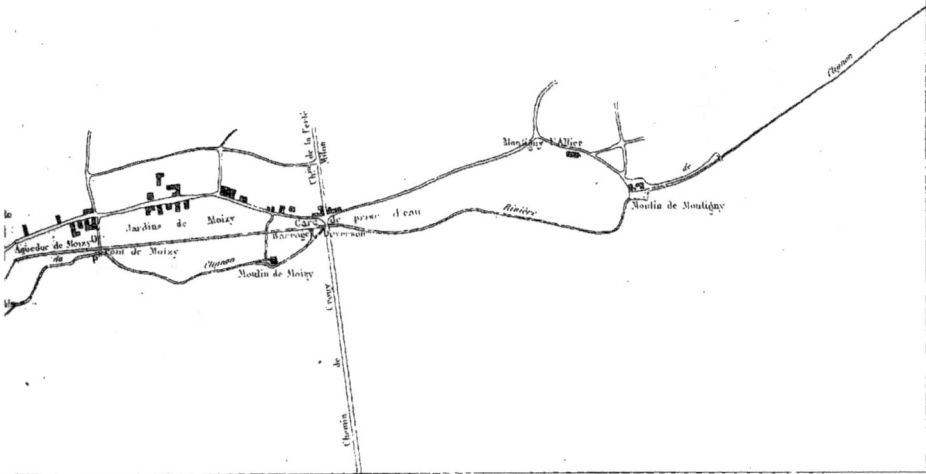

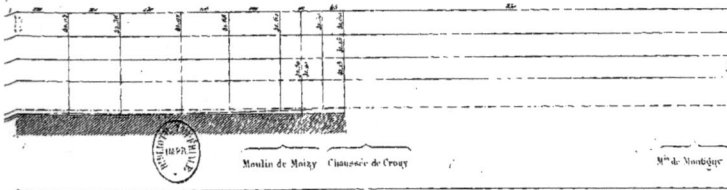

Moulin de Moizy   Chaussée de Crouy   Mⁿ de Montigny

Légende

Ligne du terrain naturel _____
Ligne d'eau de la rivière _____
Plafond de la rigole _____
Ligne d'eau de la rigole _____

Échelle des longueurs 0,002 pour 1 mèt.
Échelle des hauteurs 0,004 pour 1 mèt.

L. Guérin se.

Fig 1. Profil dans les jardins de Noizy

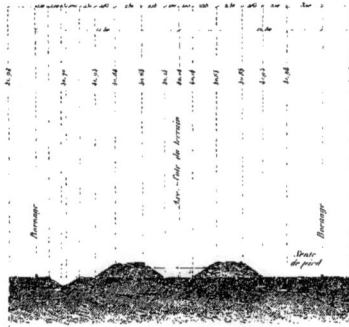

Fig. 2. Profil

PROFILS MODIFIÉS POUR

Fig. 4. Profil au pied du coteau

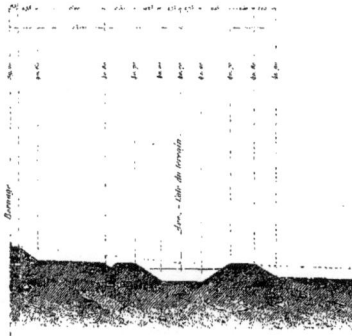

Echelle de 0⁄0

TRAVERS

IMITIFS!

ied du coteau.

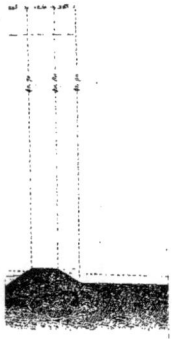

Fig. 3. Profil dans la vallée d'Ourcq.

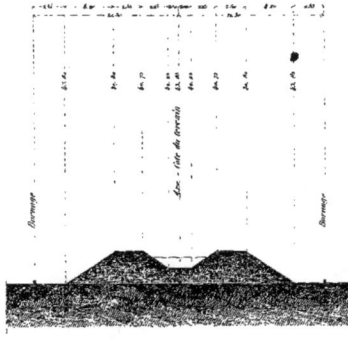

NDRE LA RIGOLE NAVIGABLE

Fig. 5. Profil dans la vallée d'Ourcq

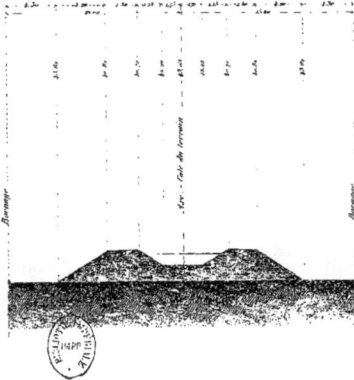

pour 1 mètre

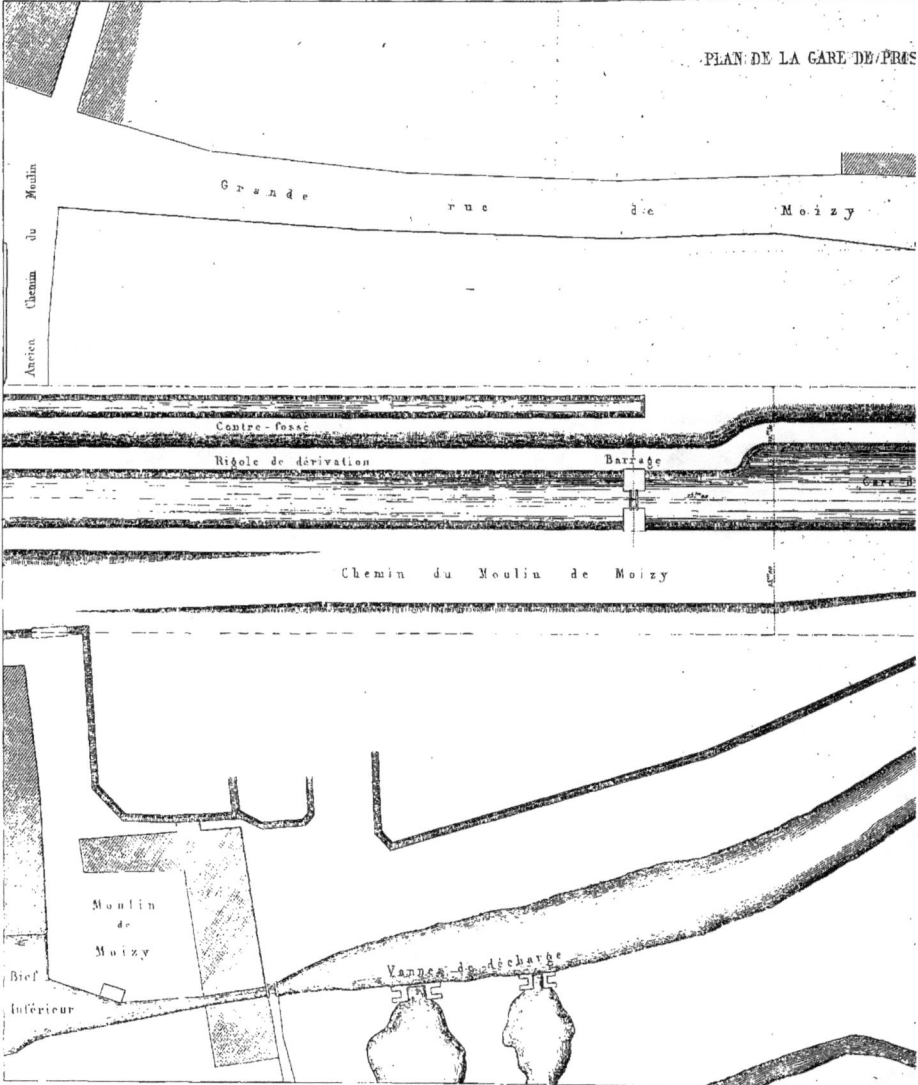

Ancien Chemin du Moulin

Grande   rue   de   Moizy

Contre-fossé

Rigole de dérivation

Barrage

Gare

Chemin   du   Moulin   de   Moizy

Moulin
de
Moizy

Bief
Inférieur

Vannes de décharge

...BEAU ET DE SES ABORDS

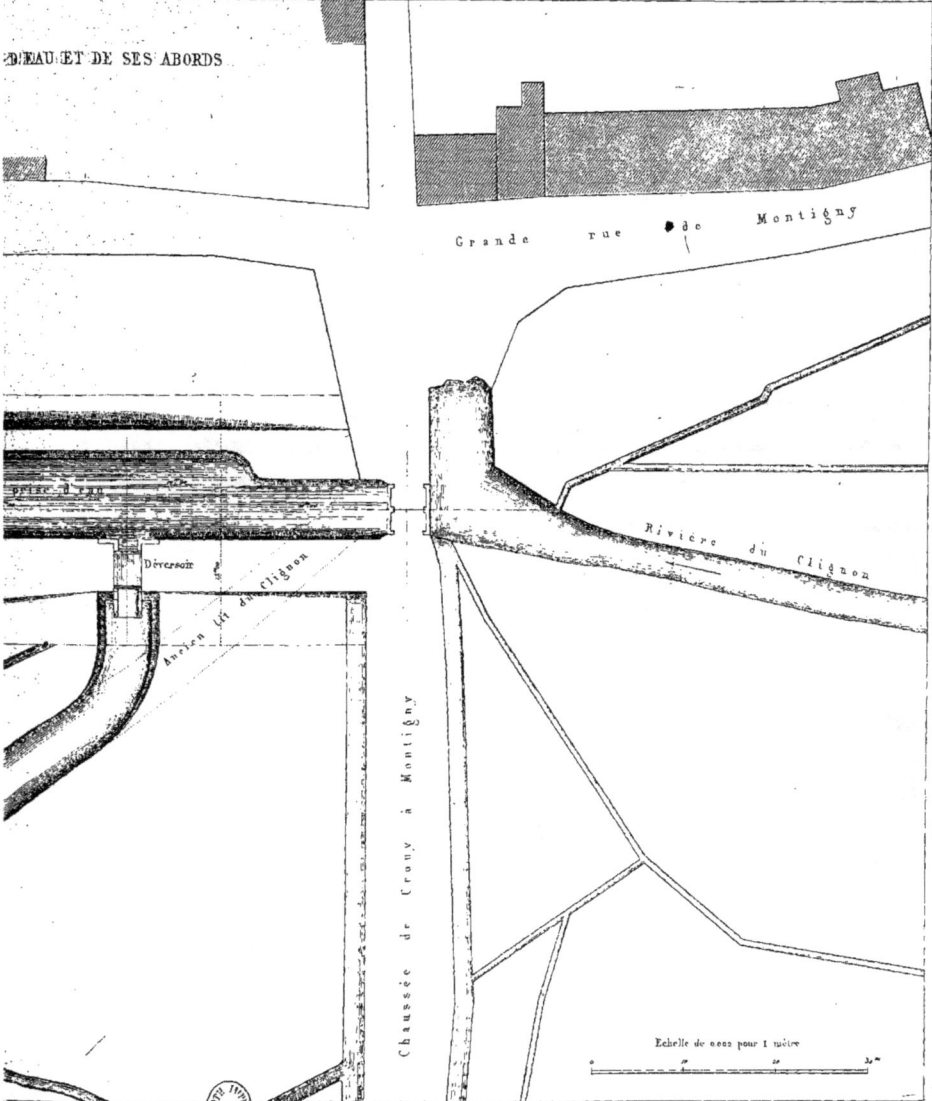

Grande   rue   de   Montigny

Prise d'eau

Déversoir

Ancien lit du Clignon

Rivière   du   Clignon

Chaussée de Crouy à Montigny

Echelle de 0,002 pour 1 mètre

Fig 3. Coupe suivant C E.

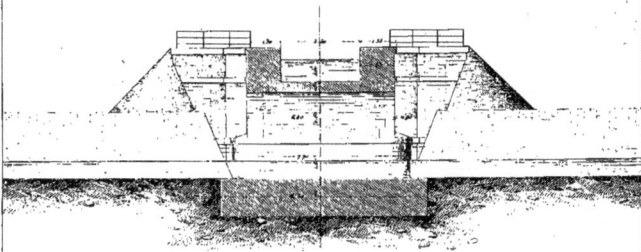

Fig 4. Coupe suivant F G.

(Le remblai n'étant pas comblé.)

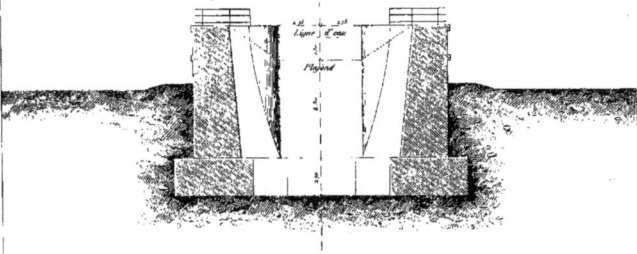

Ligne d'eau

Plafond

Echelle de 0,001 pour 1 mètre

10 mètres

DIEN LIT DE L'OURCQ

Fig. 2. Coupe suivant AB.

Fig. 1. Coupe suivant CD.

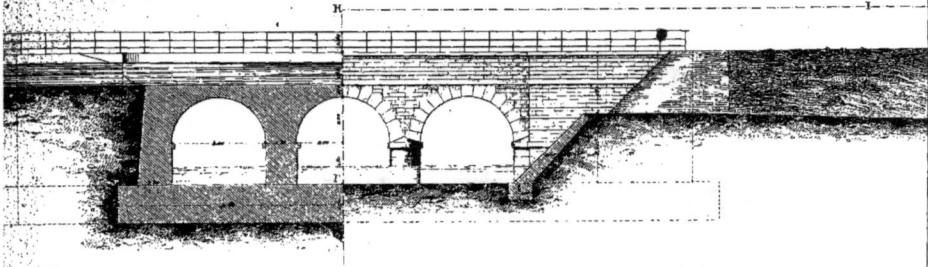

Fig. 6. Plan HI.

Fig. 5. Plan HI.

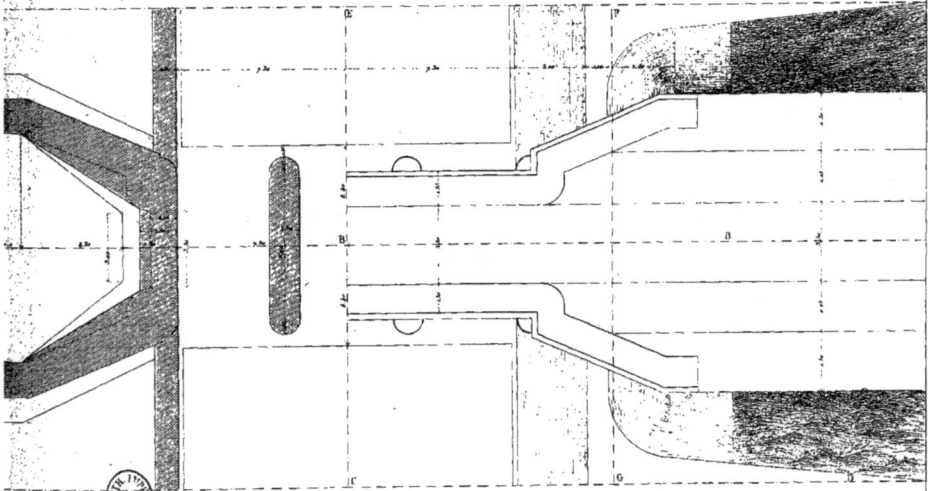

L. Guignet sc.

Fig. 1. Coupe suivant E F.

Fig. 2. Coupe

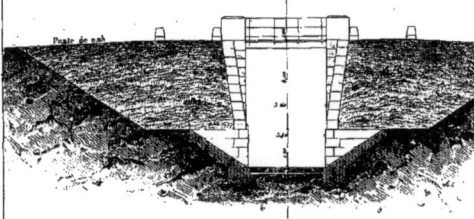

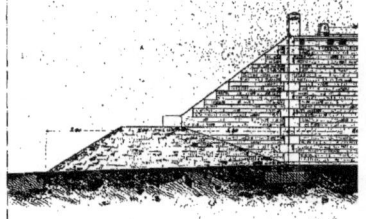

Fig. 4. Plans l'au hiva

Fig. 6. Plan des abords du pont reversoir gare de virage.

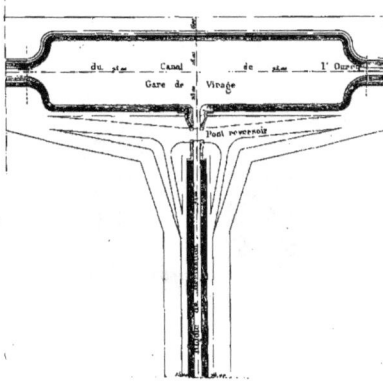

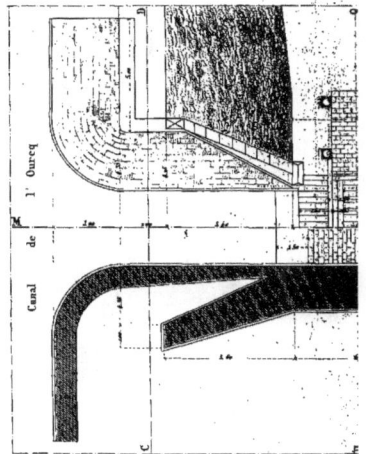

Echelle de la Fig. 6. 0,006 pour 1 mètre

VERSOIR

suivant M N.

Fig. 3. Coupe suivant C D.

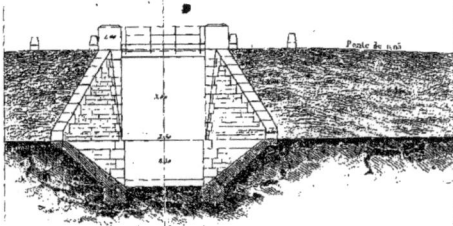

u de A B, 2.º au niveau de A′ B′.

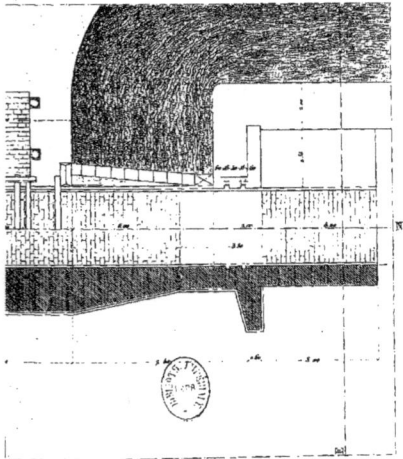

Fig. 5. Coupe suivant P Q.

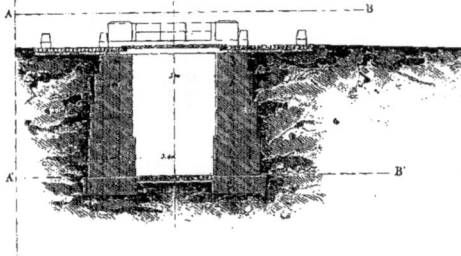

A _____ B

A′ _____ B′

Echelle des Fig. 1 à 5 0.005 pour 1 mètre

L. Guiguet sc.

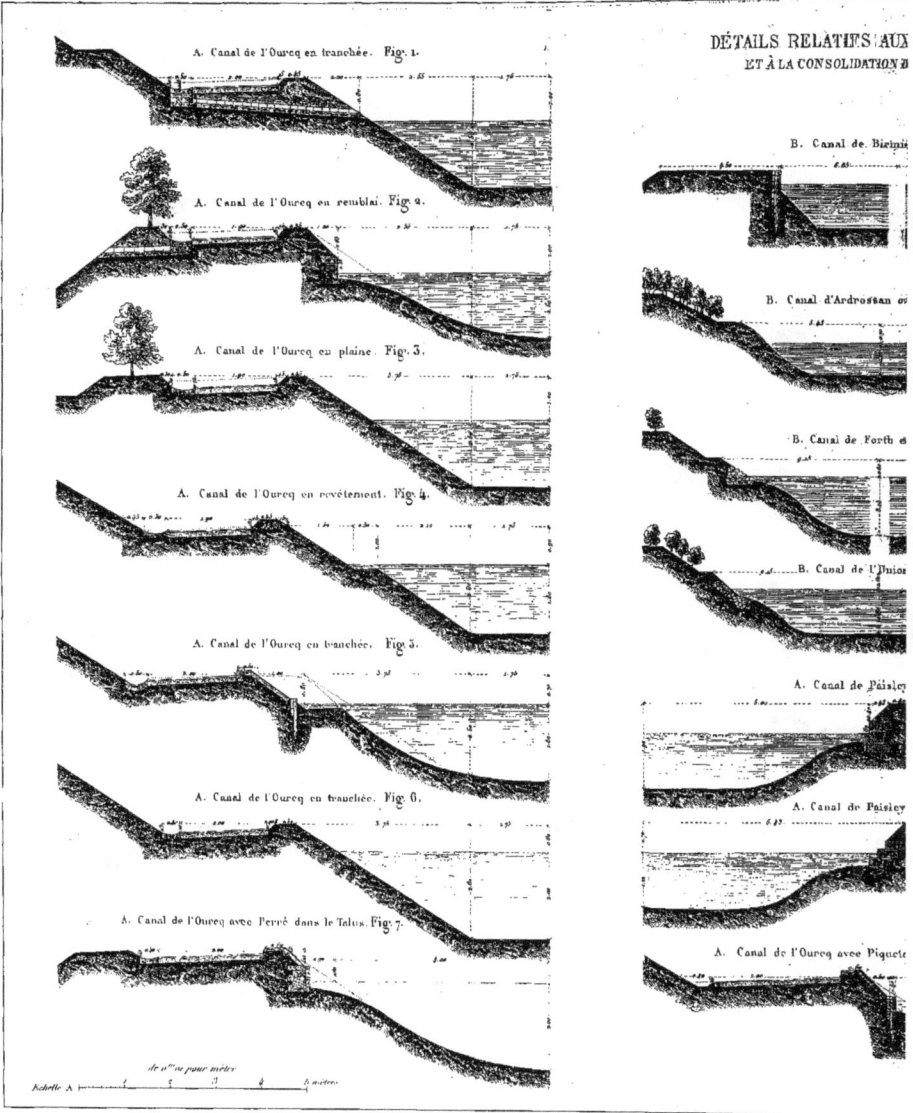

A. Canal de l'Ourcq en tranchée. Fig. 1.

DÉTAILS RELATIFS AUX
ET À LA CONSOLIDATION B

A. Canal de l'Ourcq en remblai. Fig. 2.

B. Canal de Birmi

A. Canal de l'Ourcq en plaine. Fig. 3.

B. Canal d'Ardrossan ou

A. Canal de l'Ourcq en revêtement. Fig. 4.

B. Canal de Forth e

A. Canal de l'Ourcq en tranchée. Fig. 5.

B. Canal de l'Unio

A. Canal de l'Ourcq en tranchée. Fig. 6.

A. Canal de Paisley

A. Canal de l'Ourcq avec Perré dans le Talus. Fig. 7.

A. Canal de Paisley

A. Canal de l'Ourcq avec Piquet

Échelle de o^m,o5 pour mètre

CHEMINS DE HALLAGE
3 BERGES DES CANAUX

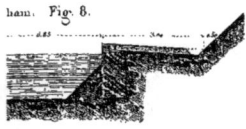

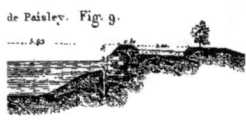

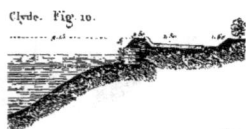

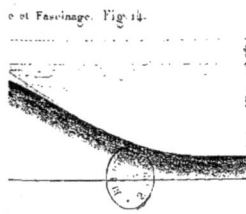

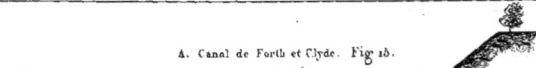

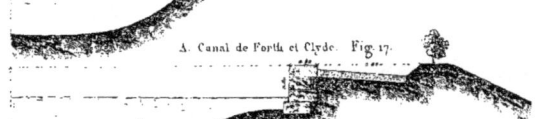

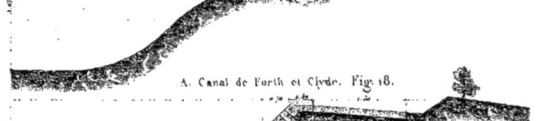

ham. Fig. 8.

de Paisley. Fig. 9.

Clyde. Fig. 10.

Fig. 11.

Fig. 12.

Fig. 13.

e et Fascinage. Fig. 14.

A. Canal de Forth et Clyde. Fig. 15.

A. Canal de Forth et Clyde. Fig. 16.

A. Canal de Forth et Clyde. Fig. 17.

A. Canal de Forth et Clyde. Fig. 18.

A. Canal de l'Union. Fig. 19.

A. Canal de l'Union. Fig. 20.

A. Canal de l'Union. Fig. 21.

de 0ᵐ,008 pour mètre.

Echelle B.
10 mètre.

Élévation

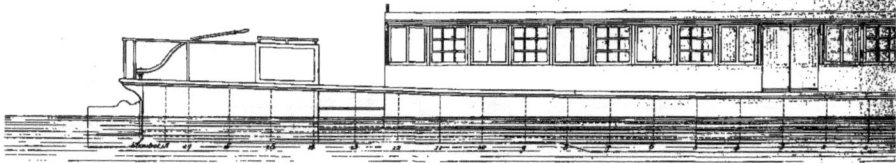

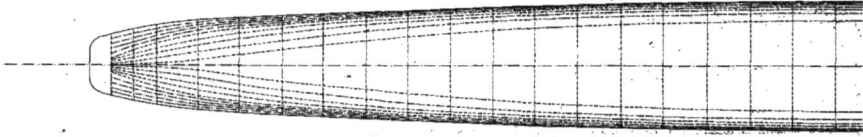

Vue d'arrière

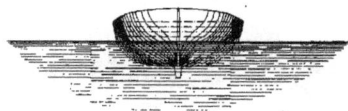

Dimensions

Longueur de perpendiculaire
Largeur au Maître
Creux au milieu

Echelle d'

... DU CANAL DE L'OURCQ

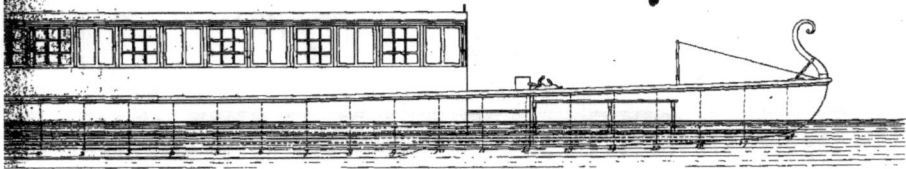

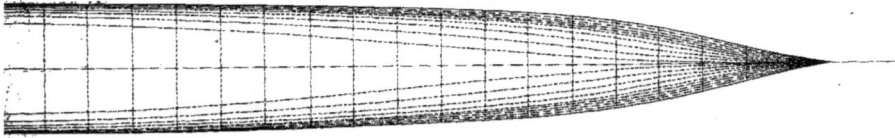

... rincipales

... p. .... 22 ᵐ 70
.... 1.86
.... 0,65

o.ᵐp.m³

Vue d'avant

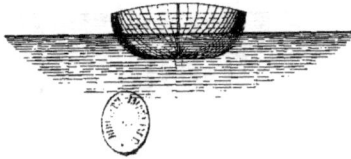

www.ingramcontent.com/pod-product-compliance
Lightning Source LLC
Chambersburg PA
CBHW070908280326
41934CB00008B/1631